DIESES BUCH GEHÖRT

Duden

Dein Lesestart

MEIN KÖRPER

BABETTE PRIBBENOW

Dudenverlag
Berlin

ENTDECKE DEN MENSCHLICHEN KÖRPER

Körper sind Wunderwerke.
Sie sind unglaublich beweglich.
Wir können hüpfen, springen,
Purzelbaum schlagen und Rad fahren.
Im Inneren sind Organe,
die uns am Leben erhalten.
Die Welt um uns herum können wir
mit den Sinnesorganen wahrnehmen.
In diesem Buch wirst du viel
über den Körper erfahren.

INHALT

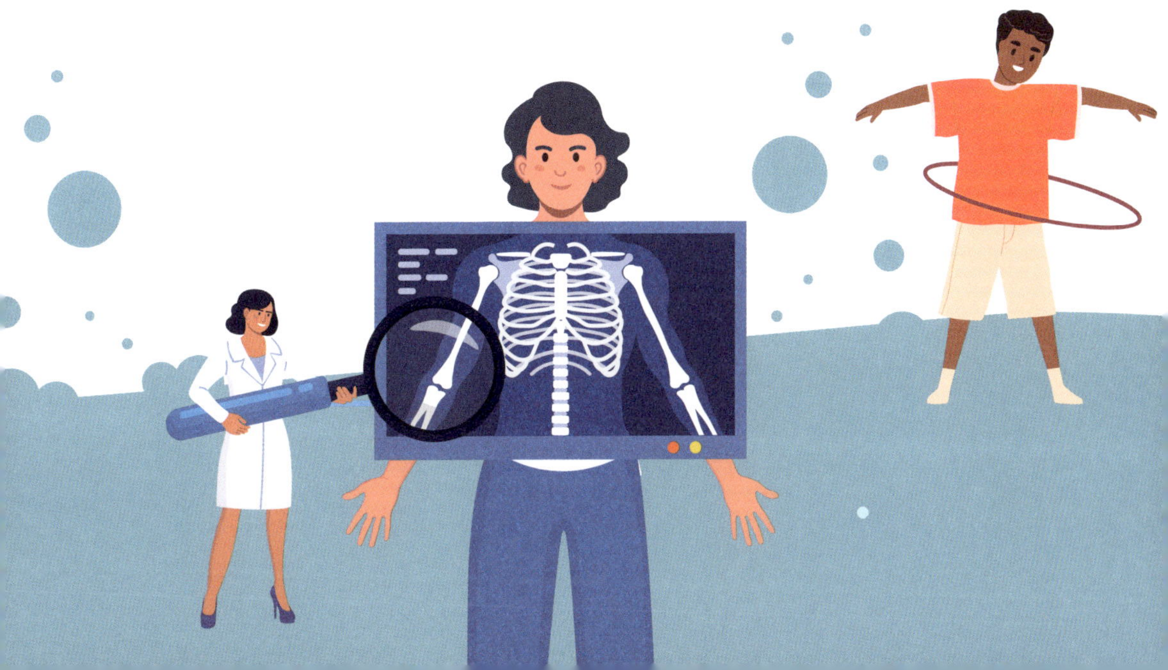

KEIN MENSCH GLEICHT DEM ANDEREN

MENSCHEN SEHEN UNTERSCHIEDLICH AUS …

Menschen haben verschiedene Hautfarben.

Von ganz hell bis ganz dunkel ist alles möglich.

An Gesichtern erkennen wir andere wieder.

Sie sind individuell.

Haare können dick oder dünn, gelockt oder

glatt sein und es gibt mehrere mögliche Farben.

Menschen unterscheiden sich ebenso

in Körperform, Größe und Gewicht.

Trotz aller Gemeinsamkeiten sehen doch

nicht alle gleich aus.

Und das ist gut so!

INDIVIDUELL

Jedes Gesicht ist einzigartig und doch gibt es Doppelgänger. Einige Menschen sehen sich ähnlich, ohne miteinander verwandt zu sein.
Deshalb denkt man manchmal jemanden zu kennen, auch wenn man ihn noch nie gesehen hat.

... UND DOCH GIBT ES ÄHNLICHKEITEN

Kinder sehen ihren Eltern oft ähnlich.

Diese Ähnlichkeit kann sehr groß sein.

Bei anderen ist das weniger auffällig.

Das liegt an den **Genen.**

Eltern **vererben** ihr Aussehen und ihre Eigenschaften an die Kinder.

Deshalb können auch Geschwister sich ähnlich sehen.

GENE sind Erbinformationen. Wir bekommen die eine Hälfte von der Mutter und die andere Hälfte vom Vater. Daraus entsteht deine ganz eigene Persönlichkeit.

VERERBEN ist die Weitergabe von bestimmten Merkmalen wie der Augenfarbe oder der Nasenform von den Eltern an die Kinder.

DAS HABEN ALLE MENSCHEN GEMEINSAM

Von außen betrachtet haben Menschen den gleichen Aufbau: Gliedmaßen wie Arme und Beine, einen Kopf und einen Körper. Alles wird umspannt von der Haut. Das ist unser größtes Organ.
Die rechte und die linke Hälfte unseres Körpers sind fast gleich – nur spiegelverkehrt.
Jungen und Mädchen unterscheiden sich äußerlich in den Geschlechtsorganen.

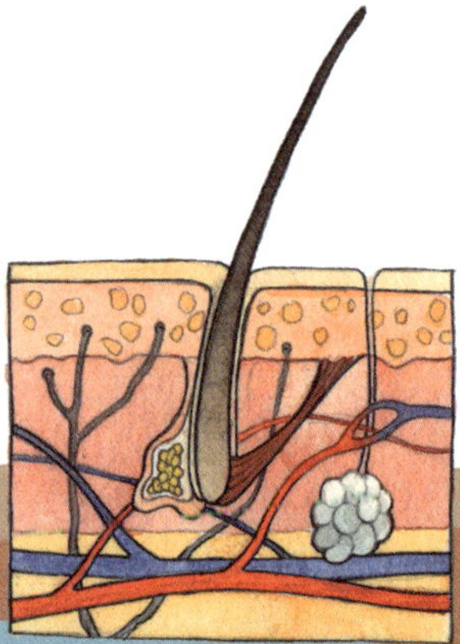

ORGANE sind Teile des Körpers, die bestimmte Aufgaben übernehmen. Die Haut ist zum Beispiel ein Organ, das uns schützt.

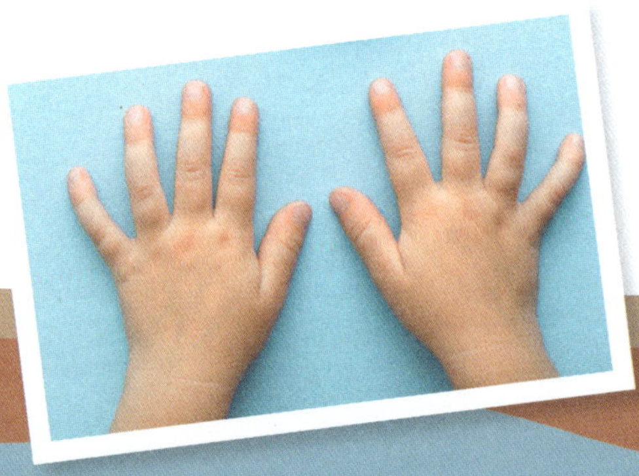

SPIEGELVERKEHRT
Betrachte deine Hände! Die sehen beide gleich aus. Wenn du sie übereinanderlegst, sind die Daumen aber jeweils auf der anderen Seite. Sie sind spiegelverkehrt.

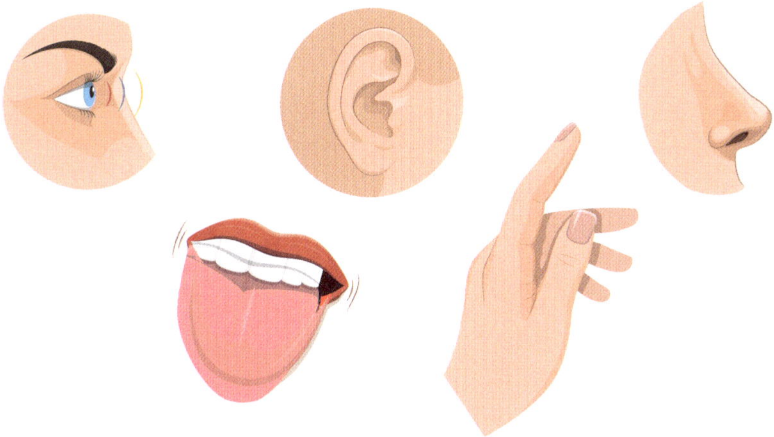

Der Kopf hat viele Sinnesorgane: zwei Augen, eine Nase, zwei Ohren und einen Mund.
Auch im Körper sieht es bei allen Menschen ähnlich aus. Er ist gefüllt mit Knochen, Muskeln, Organen und Blut.
Alles ist an einem ganz bestimmten Platz.
Und noch etwas haben alle Menschen gemeinsam: Sie können sprechen.

SINNESORGANE
Mit den Sinnesorganen nehmen wir unsere Umgebung, Dinge oder auch Berührungen wahr. Mit der Nase können wir beispielsweise riechen.

DU WÄCHST UND VERÄNDERST DICH

Im Laufe des Lebens verändert sich der Körper. Vom Baby bis zum Schulkind bist du fast einen Meter größer geworden und auch deutlich schwerer.
Dein Gehirn hat viele Dinge gelernt.
Du kannst jetzt schreiben und lesen und allein eine Straße überqueren.
Irgendwann verändern sich auch die Hormone in deinem Körper.
Dann bist du bald in der Pubertät.

HORMONE sind Stoffe im Körper, die Nachrichten übermitteln. Wachstumshormone sagen zum Beispiel deinem Körper, wann und wie viel er wachsen soll.

PUBERTÄT ist ein Abschnitt in der Entwicklung bei jungen Menschen. In dieser Zeit ist man kein Kind mehr, aber auch noch nicht richtig erwachsen.

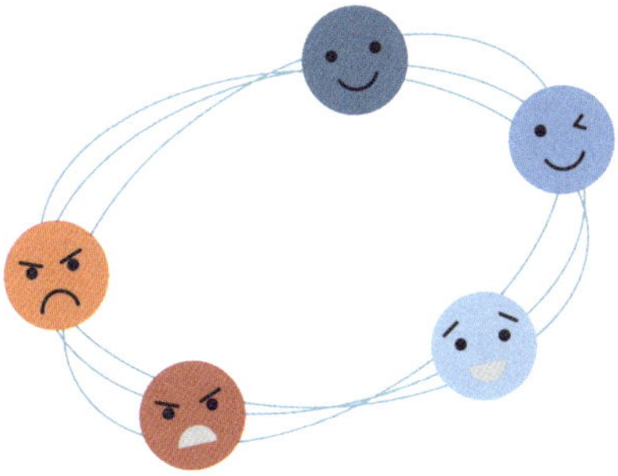

Die Pubertät ist eine spannende Zeit, die einige Jahre dauert. Der Körper bereitet sich auf das Leben als Erwachsener vor. Die Geschlechtsorgane **reifen.** Danach kann man selbst Kinder bekommen. Deine **Stimmung** kann in dieser Zeit schwanken wie ein Schiff bei Wellengang. Vielleicht verliebst du dich das erste Mal.

REIFEN ist eine Entwicklung, die irgendwann abgeschlossen ist. Dann hast du zum Beispiel deine endgültige Größe erreicht.

STIMMUNG ist die Laune eines Menschen. Sie ist nicht jeden Tag gleich. Man kann gut oder schlecht gelaunt sein, glücklich oder traurig.

WIE ALT KANN MAN WERDEN?

Nach der Pubertät verändert sich der Körper weiter. Das siehst du bei älteren Menschen. Die Haut altert und es entstehen Falten. Die Haare werden grau und die Augen verlieren an Sehkraft. Wie alt man werden kann, wird von den Genen und der Umwelt bestimmt. Auch ob man sich gesund ernährt und Sport treibt, beeinflusst das Altern.

Die **SEHKRAFT** gibt an, wie scharf wir Gegenstände erkennen. Deshalb spricht man auch von Sehschärfe.

UMWELT ist alles, was dich umgibt: Tiere, Pflanzen und Menschen. Dazu gehört auch dein Zuhause und wo du lebst.

Eintagsfliege

Die Menschen in Deutschland werden immer älter. Die Lebenserwartung hat sich in den letzten 120 Jahren verdoppelt. Das liegt vor allem an den besseren Lebensumständen und einer guten ärztlichen Versorgung.

Der älteste Mensch bisher war eine Französin. Sie wurde 122 Jahre alt.

Tiere werden unterschiedlich alt: Manche Fliegen leben nur wenige Stunden. Grönlandhaie werden bis zu 400 Jahre alt.

Die **LEBENSERWARTUNG** gibt an, wie alt Menschen von ihrer Geburt bis zum Tod durchschnittlich werden.

LEBENSUMSTÄNDE sind alle Einflüsse auf ein Leben. Die Lebensumstände in armen Ländern sind anders als in reichen Ländern.

Super gelesen

AUF ZUM RÄTSELSPAß!

1. Hier haben sich fünf Sinnesorgane versteckt.

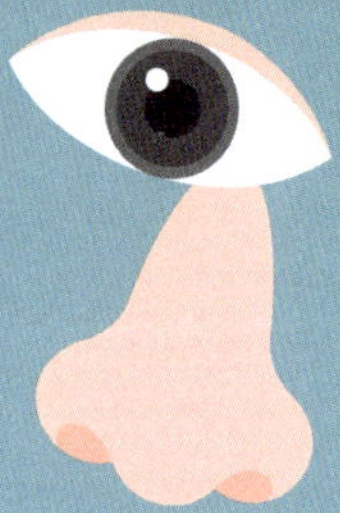

N	A	S	E	Ö	K	A	F
R	I	L	D	V	C	U	X
N	O	Ü	W	M	T	G	Y
H	A	U	T	U	G	E	J
Z	E	F	S	N	P	N	V
U	K	H	B	D	Q	Ä	M
R	T	Z	U	W	L	R	Y
S	H	O	H	R	E	N	C

2. Was für eine Zeit!

Du bist weder klein noch richtig groß.
Dein Körper verändert sich und deine Stimmung kann schwanken wie ein Schiff bei Wellengang.

Dann bist du in der _ _ _ _ _ _ _ _.

Kreuze an.

3. Was ist richtig?

Dass man seinen Eltern ähnlich sieht, liegt an

a) ☐ **der Umwelt.**

b) ☐ **dem gemeinsamen Zuhause.**

c) ☐ **den Genen.**

d) ☐ **der Kleidung.**

4. In der Wortschnecke hat sich ein Satz versteckt, kannst du ihn lesen?.

ANDENGESICHTERNERKENNENWIRMENSCHENWIEDER

Lösungen: 1. Augen, Haut, Mund, Nase, Ohren; 2. Pubertät; 3. c); 4. An den Gesichtern erkennen wir Menschen wieder.

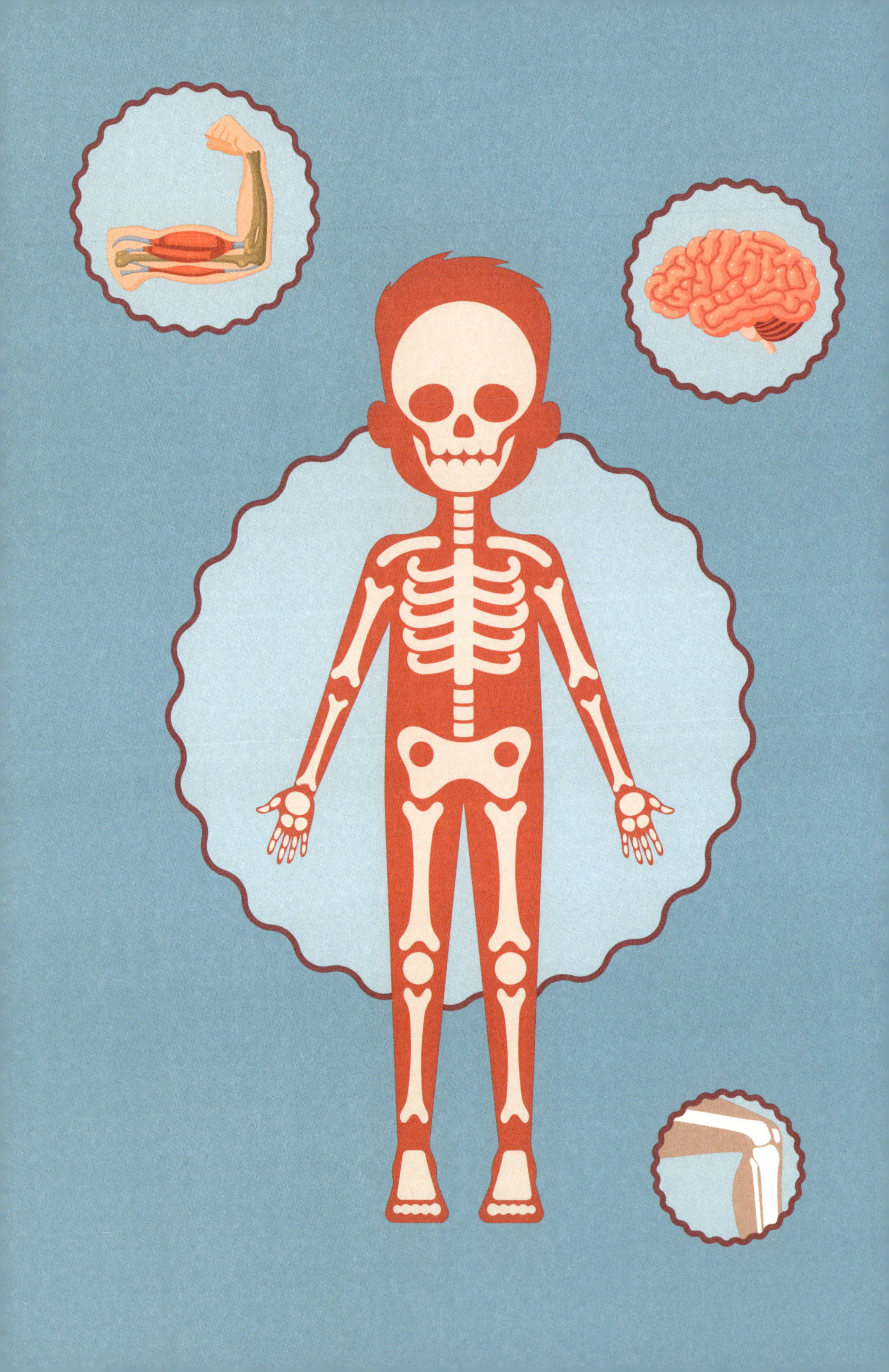

ALLES LÄSST SICH BEWEGEN

EIN SKELETT GIBT FORM UND HALT

Fliegt ein Ball auf dich zu,
fängst du ihn mit den Händen.
Ein Hund kann das nicht.
Menschen laufen im Gegensatz
zu Hunden auf zwei Beinen.
Dadurch haben sie die Hände frei
und können Werkzeuge benutzen
oder einen Stift halten.
Die Wirbelsäule sorgt dafür,
dass wir aufrecht gehen können.
Sie gibt dem Körper Halt und
besteht aus einzelnen **Wirbeln.**

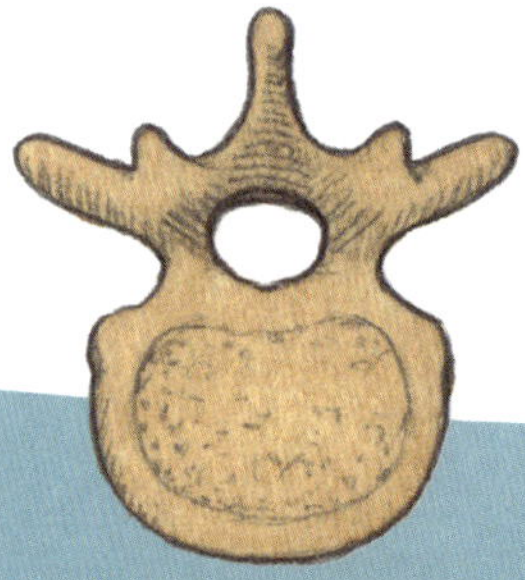

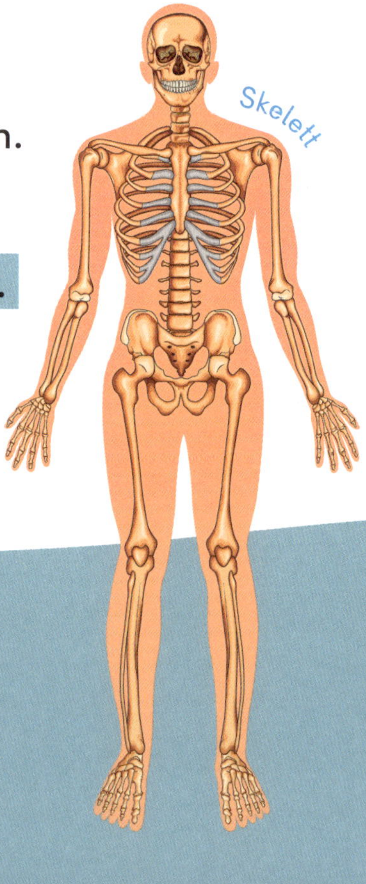

WIRBEL sind einzelne Knochen, davon hast du in der Wirbelsäule über 30 Stück. Sie sind unterschiedlich geformt und durch Gelenke verbunden.

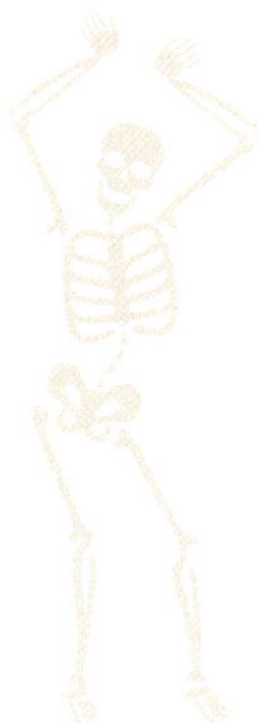

Die Wirbelsäule ist sehr beweglich

und du kannst dich bücken und strecken.

Zum Skelett gehören noch viele weitere Knochen.

Sonst wären wir weich wie Wackelpudding!

Die Knochen sind eine Stütze und

schützen teilweise unsere Organe.

Herz und Lunge befinden sich zum Beispiel

hinter den Rippen im Brustkorb.

Im **Schädel** liegt das Gehirn in einer **Flüssigkeit.**

So nimmt es beim Kopfball nicht gleich Schaden.

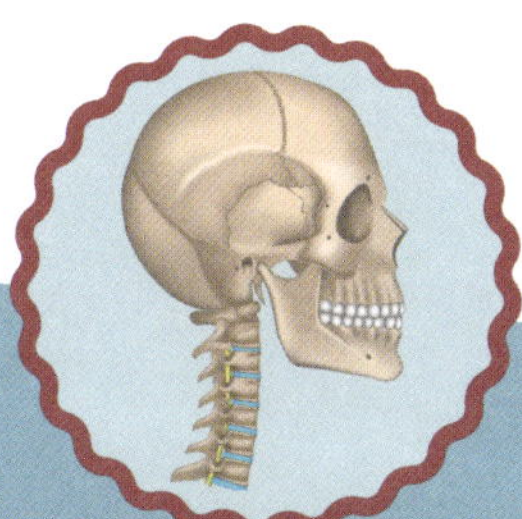

Der **SCHÄDEL** besteht aus vielen einzelnen Knochen. Sie formen das Gesicht und schützen das Gehirn.

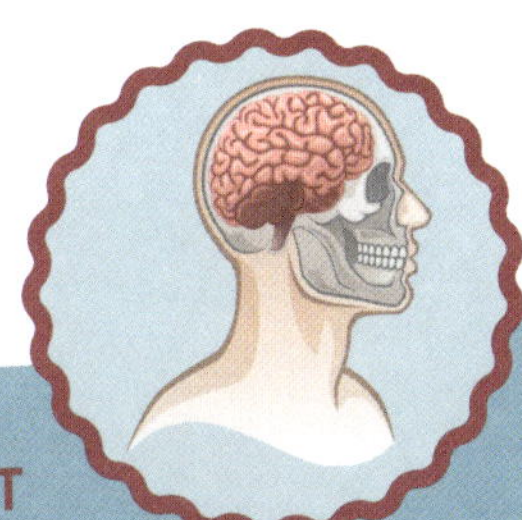

HIRNFLÜSSIGKEIT

Das farblose Hirnwasser federt Stöße ab. Außerdem sorgt es dafür, dass das Gehirn nicht zu warm oder zu kalt wird.

GELENKE MACHEN GELENKIG

Die Knochen im Körper sind über **Gelenke** miteinander verbunden. Dadurch sind viele verschiedene Bewegungen möglich: Luftsprünge oder Kniebeugen.
Mit deinen Händen kannst du auch sehr feine Dinge machen, zum Beispiel mit einer Schere ein Herz ausschneiden.

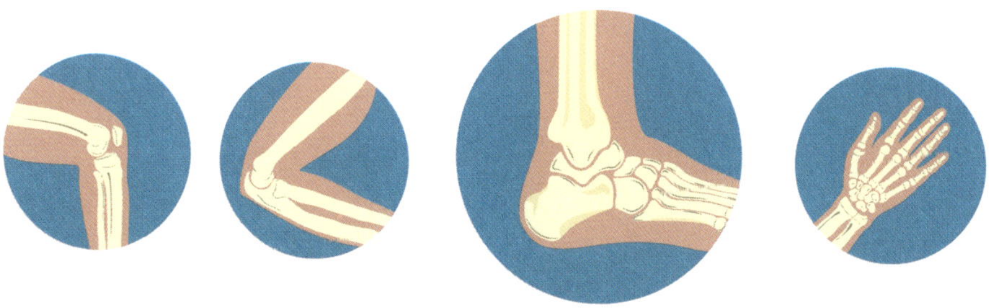

GELENKE sind Verbindungen zwischen zwei Knochen. Die Enden der Knochen sind so geformt, dass sie ineinanderpassen. So können sie in bestimmte Richtungen bewegt werden.

Deine Arme kannst du in viele verschiedene Richtungen bewegen, dafür sorgt ein Kugelgelenk in der Schulter.

Deinen Ellenbogen kannst du hingegen nur beugen oder strecken, es hat ein Scharniergelenk.

Damit die Gelenke nicht schmerzhaft aufeinander reiben, gibt es die Gelenkflüssigkeit. Sie ist wie ein **Schmiermittel** und sorgt für Beweglichkeit. Um Gelenke zu bewegen, braucht es noch Muskeln und **Sehnen.**

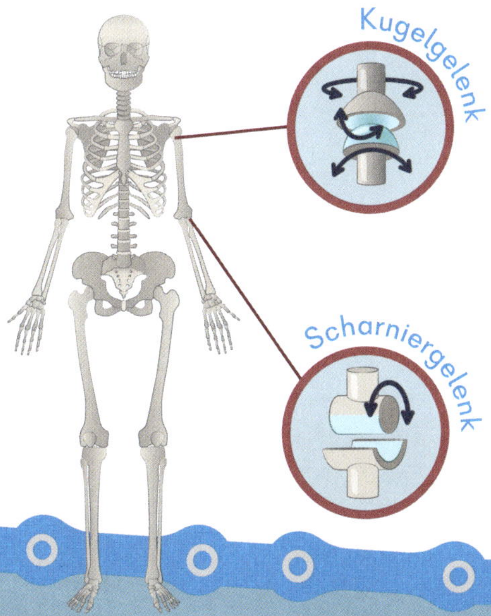

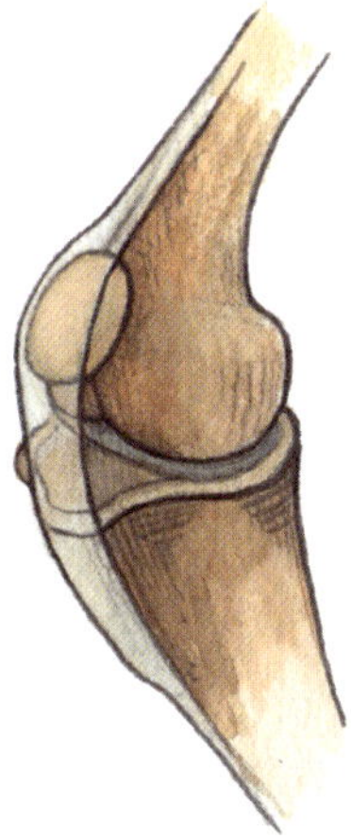

SCHMIERMITTEL wie Öl oder Fett verwendet man auch bei Maschinen, um die Bewegung zwischen zwei Teilen zu erleichtern.

SEHNEN sind die Verbindungen zwischen Knochen und Muskeln. Sie sind starr und zerreißen nicht so leicht.

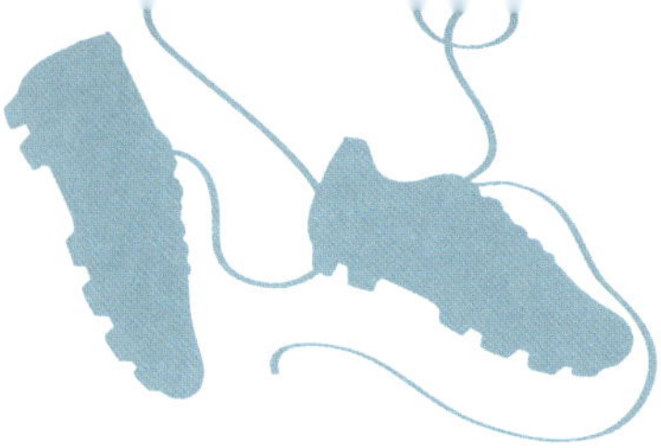

SCHIEß DEN BALL INS TOR!

Ein lauter Pfiff schallt über das Spielfeld. Es gibt Elfmeter. Sofort ist das Gehirn bereit, zu handeln. Jetzt muss alles im Körper zusammenarbeiten. Das Gehirn entscheidet, wo der Ball landen sollte. Es muss auch bedenken, wie der Torwart reagieren könnte. Durch **Nerven** steht das Gehirn in Verbindung mit den **Muskeln.** Daher weiß es, welche Körperhaltung wir gerade haben.

NERVEN übertragen Informationen, zum Beispiel von den Sinnesorganen ins Gehirn. So weiß das Gehirn immer, was gerade geschieht.

MUSKELN sind für alle Bewegungen zuständig. Ohne Muskeln könntest du nicht laufen oder springen.

Das Gehirn rechnet blitzschnell aus, wie die Muskeln im Körper und in den Beinen bewegt werden müssen. Dann sendet es über die Nerven Befehle an die Muskeln. Außerdem braucht das Gehirn Informationen von den Augen. Abstände werden eingeschätzt und die Kraft der Muskeln genau dosiert. Hat das Gehirn alles exakt berechnet und wehrt der Torhüter oder die Torhüterin den Ball nicht ab: TOR!

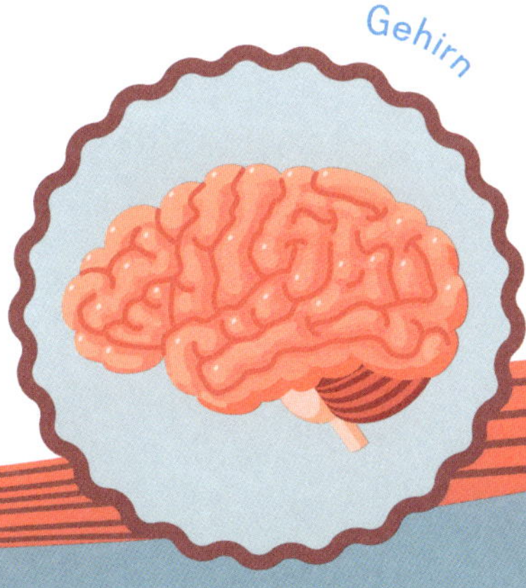

DOSIEREN
Es macht einen Unterschied, ob du den Ball nur einen Meter weit oder in ein entferntes Tor schießen musst. Deshalb wird die Kraft der Muskeln entsprechend angepasst.

BEFEHLE
Das Gehirn gibt den Muskeln genaue Anweisungen, was sie zu tun haben.

MUSKELKATER TUT WEH!

Vielleicht kennst du das: Nach dem Sport bekommst du am nächsten Tag Schmerzen in den Armen, Beinen oder auch am Rücken. Das könnte ein Muskelkater sein. Du hast vielleicht Übungen gemacht, die du sonst selten durchführst oder einfach zu viele davon. Muskeln brauchen Training, dann werden sie kräftiger und können stärker belastet werden.

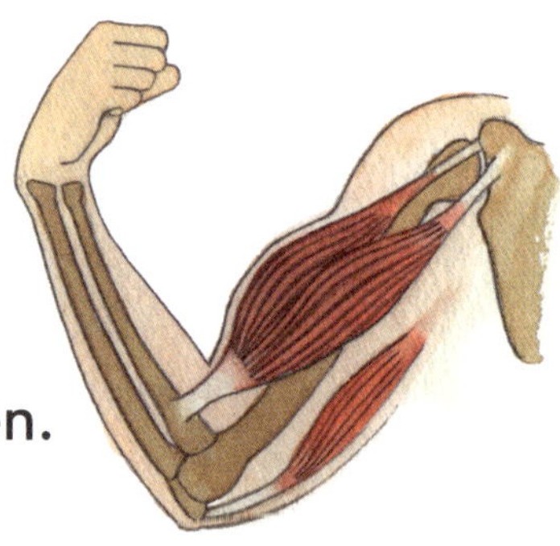

MUSKELKATER ist die Folge von ganz kleinen Verletzungen des Muskels, die bei Überlastung entstehen. Er hält meist nur ein oder zwei Tage an.

TRAINING
Wenn du regelmäßig bestimmte Übungen wie Liegestütze oder Klimmzüge machst, trainierst du damit die beteiligten Muskeln.

Muskeln können sich aktiv nur zusammenziehen, dabei verkürzen sie sich. Damit sie wieder gestreckt werden, braucht es einen Gegenspieler. Wenn du dein Knie beugst, verkürzen sich die Beugemuskeln im Oberschenkel. Beim Strecken verkürzen sich die Streckmuskeln. Muskeln brauchen Energie für jede Bewegung und sie ermüden bei längerer Belastung. Das kann dann zu Muskelkater führen. Der ist allerdings meist harmlos!

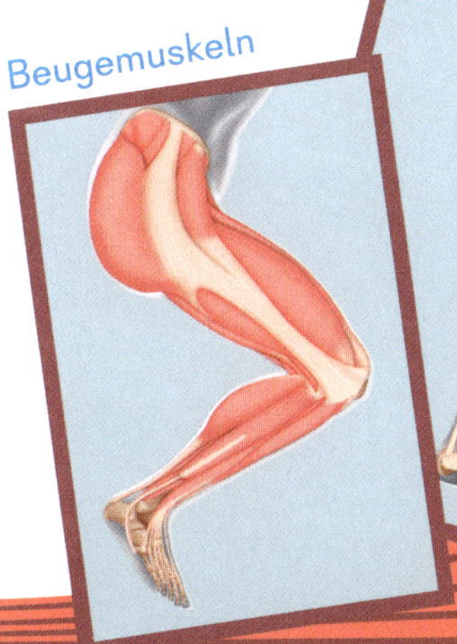

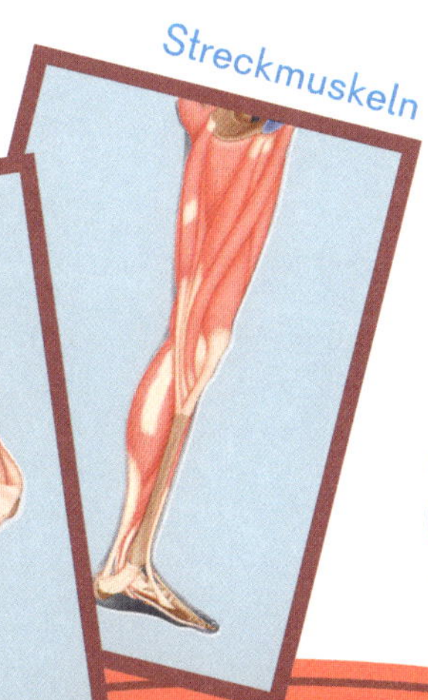

GEGENSPIELER und Spieler sind zwei Muskeln, die immer zusammenarbeiten. Verkürzt sich der eine Muskel, wird der andere gestreckt und umgekehrt.

ENERGIE
Der Körper braucht Energie, damit Muskeln sich verkürzen können oder das Gehirn arbeiten kann. Diese Energie gewinnt er aus der Nahrung.

DER CHEF UND SEIN TEAM

Das Gehirn ist der Chef in deinem Körper. Es ist verantwortlich für jede Bewegung, die du machst, deine Gedanken und Gefühle. Sein Team sind die vielen Nerven, die überall im Körper sind. Sie berichten dem Gehirn, was in der Umgebung passiert. Außerdem informieren sie die Muskeln, wenn sie sich bewegen sollen. Sehr viele Informationen werden jede Minute ausgetauscht.

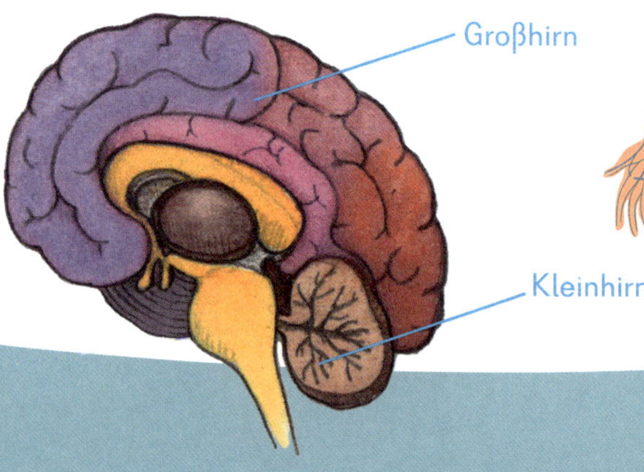

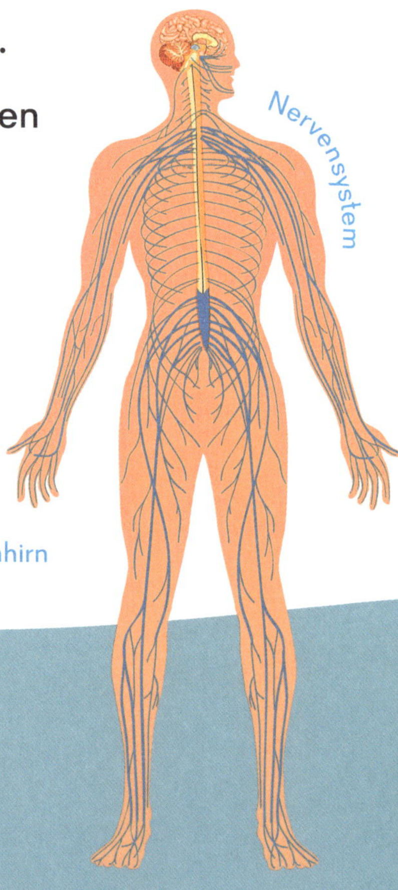

Das **GEHIRN** besteht aus Milliarden von Nerven! Es steuert alle Vorgänge im Körper, zum Beispiel auch die Atmung.

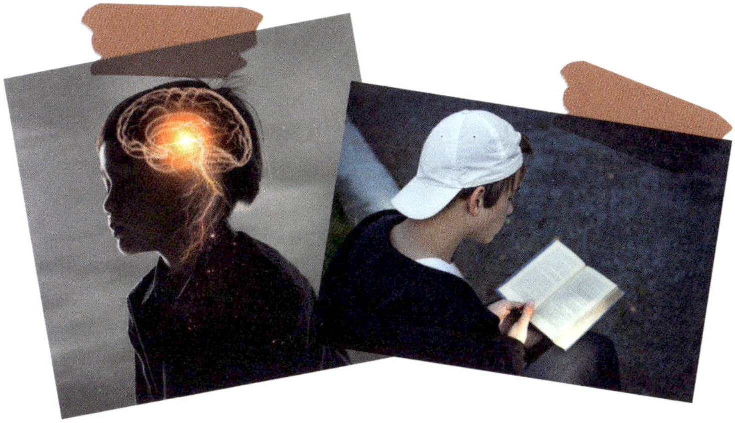

Man könnte auch sagen, dass Gehirn und Nerven sich im Körper ständig unterhalten.
Das Gehirn besteht aus verschiedenen Teilen, die jeweils andere Aufgaben haben.
Mit dem Großhirn kann man denken, lernen, sprechen und Dinge planen.
Auch die Fantasie ist hier zu Hause.
Das Kleinhirn sorgt dafür, dass alle Bewegungen richtig funktionieren und du nicht beim Rennen über deine Beine stolperst.

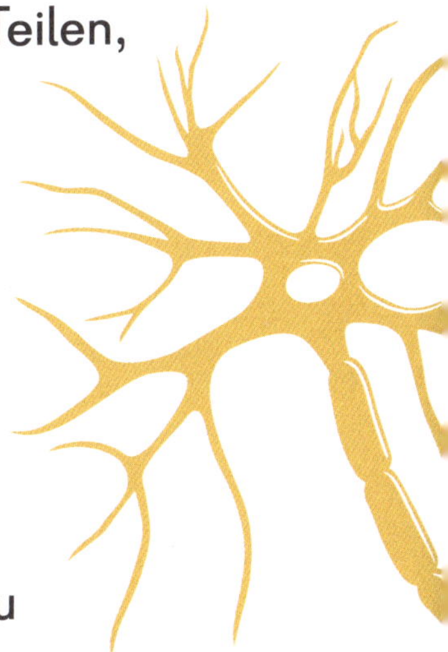

Das **GROßHIRN** besteht aus zwei Teilen, der linken und der rechten Gehirnhälfte. Beide sind miteinander verbunden. Die linke Hälfte ist für die rechte Körperseite verantwortlich und umgekehrt.

Mit **FANTASIE** kannst du dir Geschichten ausdenken, Bilder malen oder von einer ganz anderen Welt träumen.

Super gelesen

AUF ZUM RÄTSELSPAß!

1. Die Wörter sind durcheinandergeraten, kannst du sie vervollständigen?

Verbinde die Silben mit Linien.

A Wirbel	1 -wart
B Tor	2 -hirn
C Sinnes	3 -muskel
D Gegen	4 -organ
E Klein	5 -säule
F Streck	6 -spieler

2. Ganz schön gelenkig!

Deine Schulter ist ein K_ _ _ _ _ _ _ _ _ _ _ _ _ _.

Dein Ellenbogen ist ein S_ _ _ _ _ _ _ _ _ _ _ _ _ _ _ _ _ _ _ _.

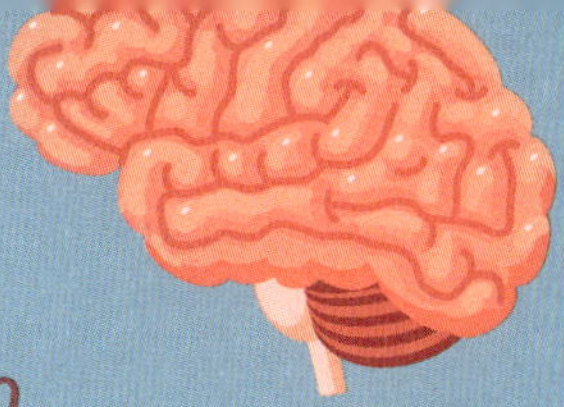

3. Ergänze die fehlenden Buchstaben.

○ELENK
NE○VEN
T○R
SCHIE○EN
SE○NEN
W○RBEL
DOSIE○EN
E○ERGIE

Das Lösungswort brauchst du zum Denken.

4. Ein merkwürdiges Tier! Wer bin ich?

Du kannst mich nicht sehen.
Aber du bekommst mich manchmal,
wenn du viel Sport gemacht hast.
Nach ein bis zwei Tagen
bin ich dann wieder verschwunden.

Der _ _ _ _ _ _ _ _ _ _ _ _

Lösungen: 1. A5 (Wirbelsäule), B1 (Torwart), C4 (Sinnesorgan), D6 (Gegenspieler), E2 (Kleinhirn), F3 (Streckmuskel); 2. Kugelgelenk, Scharniergelenk; 3. Großhirn; 4. Muskelkater

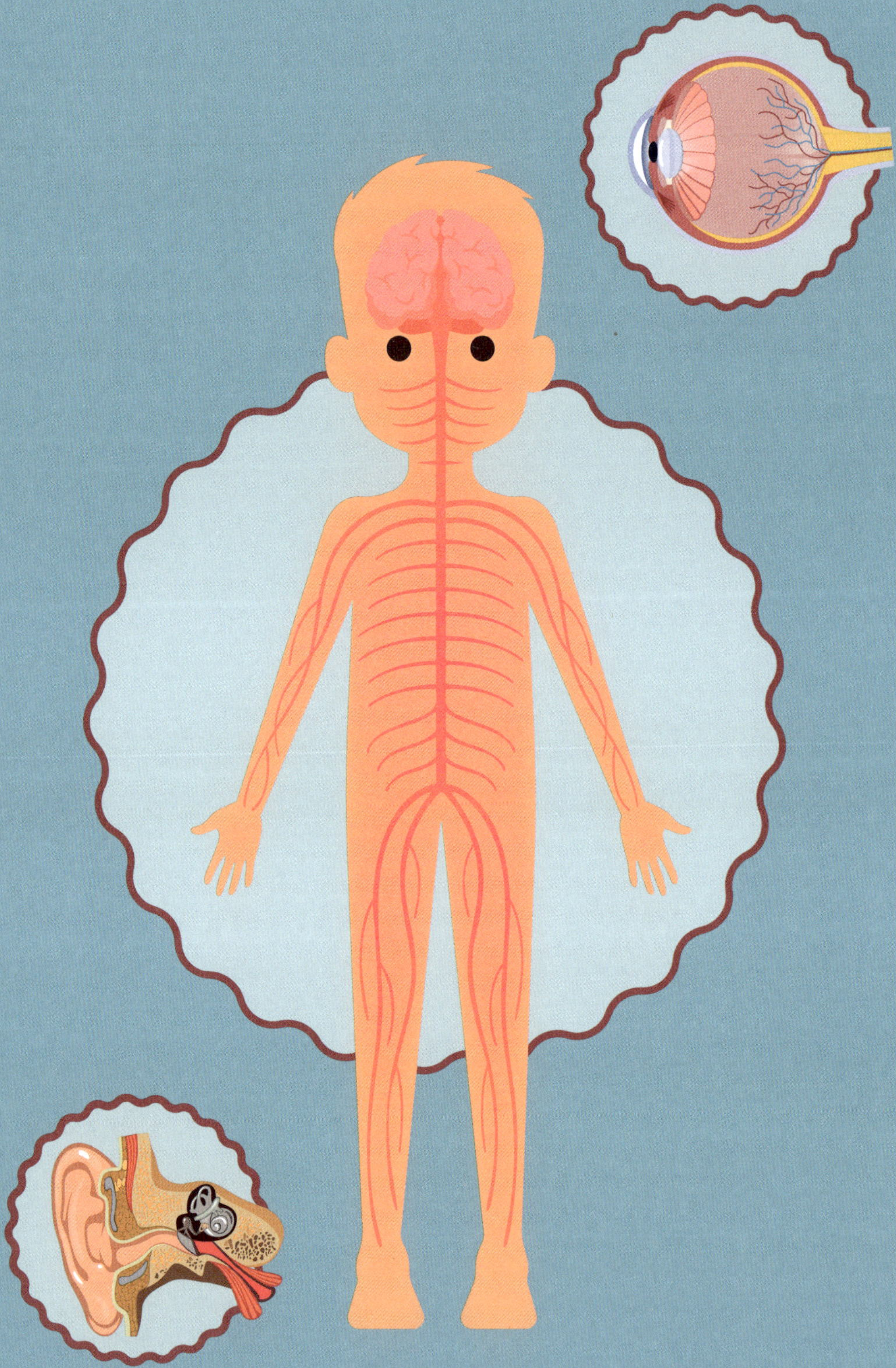

MIT ALLEN SINNEN DIE WELT ENTDECKEN

WO IST OMAS BRILLE?

Oma hat ihre Brille verlegt.
Ohne Hilfe kann sie diese aber nicht finden, denn sie sieht nicht mehr gut.
Wenn du etwas suchst, benutzt du vor allem deine Augen. Mit ihnen nimmst du die Umgebung wahr. Augen können sich auf verschiedene Entfernungen einstellen.
Wir können zum Beispiel die Schrift in einem Buch scharf sehen, aber auch Dinge, die weit entfernt sind. Dafür sorgt die Linse.

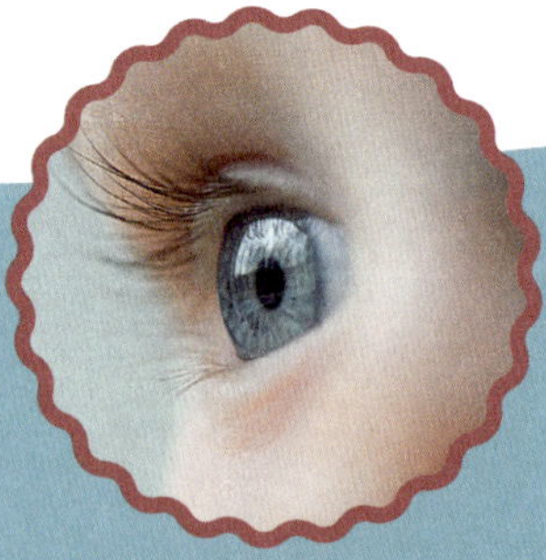

Die **LINSE** in unserem Auge ist durchsichtig und biegsam. Mithilfe von Muskeln wird ihre Form verändert und dadurch Dinge scharf gestellt. Wie eine Linse in einer Kamera.

Zum Sehen braucht man Licht.

Im Hellen erkennt man mehr als im Dunkeln.

Das Licht fällt durch die Pupille und die Linse auf die Netzhaut. Das ist eine Schicht hinten im Auge. Die Netzhaut hat viele Sinneszellen, die das Licht wahrnehmen. Diese leiten die Information an das Gehirn weiter.

Das Gehirn macht aus den Informationen der beiden Augen ein Bild.

Und siehe da: Der Enkel findet Omas Brille in der Küche.

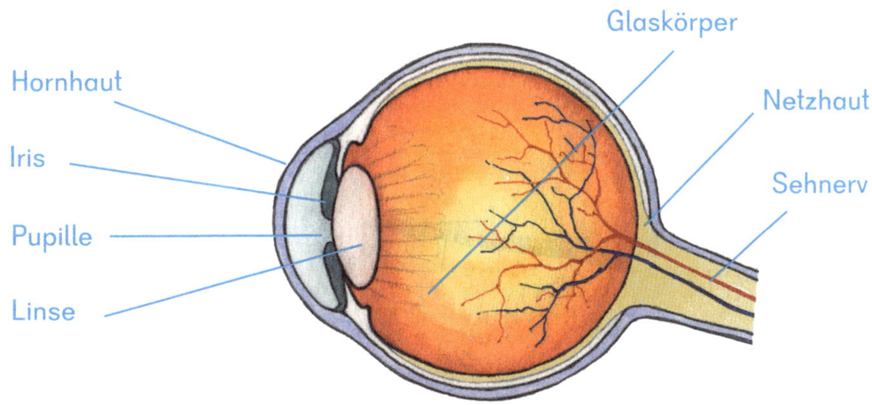

Die **PUPILLE** ist eine kleine Öffnung. Es ist der schwarze Punkt mitten im Auge. Die Größe der Öffnung ändert sich. Bei Sonnenschein ist sie klein und in der Dunkelheit groß.

Über **SINNESZELLEN** von Augen, Ohren oder der Haut nimmt der Körper verschiedene Reize wie Licht, Töne oder Berührungen wahr.

FARBEN SEHEN

Nachts ist die Welt nur grau,

am Tag leuchtet sie in vielen Farben.

Warum ist das so?

Es gibt in der Netzhaut zwei Arten von Sinneszellen.

Mit den einen nehmen wir Farben wahr.

Dafür muss aber genug Licht vorhanden sein.

Mit den anderen sehen wir nur Schwarz und Weiß.

Das geht auch noch bei wenig Licht.

Ihr kennt vielleicht das Sprichwort:

Nachts sind alle Katzen grau.

FARBEN
Millionen von Sinneszellen liefern
Informationen über die Farben.
Sie sorgen ebenfalls dafür,
dass man scharf sieht. Nachts sehen
wir Gegenstände nur verschwommen.

SEHHILFEN

Viele Menschen haben eine Sehschwäche. Kurzsichtige Menschen können Dinge vor ihren Augen scharf sehen, die in der Ferne aber nur verschwommen. Bei weitsichtigen Menschen ist es umgekehrt. Sie können nur weit entfernte Gegenstände sehr gut erkennen. Die Linse kann Sehschwächen teilweise ausgleichen, aber meist nicht vollständig. Dann braucht man eine Sehhilfe, eine Brille zum Beispiel.

SEHSCHWÄCHEN gibt es auch beim Farbensehen. Manche Menschen nehmen keine Farben wahr. Sie sind farbenblind. Andere können Rot und Grün nicht gut unterscheiden. Das nennt man Rot-Grün-Blindheit.

WIE WIR HÖREN

Mit den Ohren können wir Stimmen, Musik oder Meeresrauschen hören. Die Ohrmuschel wirkt wie ein Trichter und fängt alle **Schallwellen** ein. Über den Gehörgang werden sie bis zum Trommelfell geleitet. Das **Trommelfell** überträgt sie dann in das Innere des Ohrs.

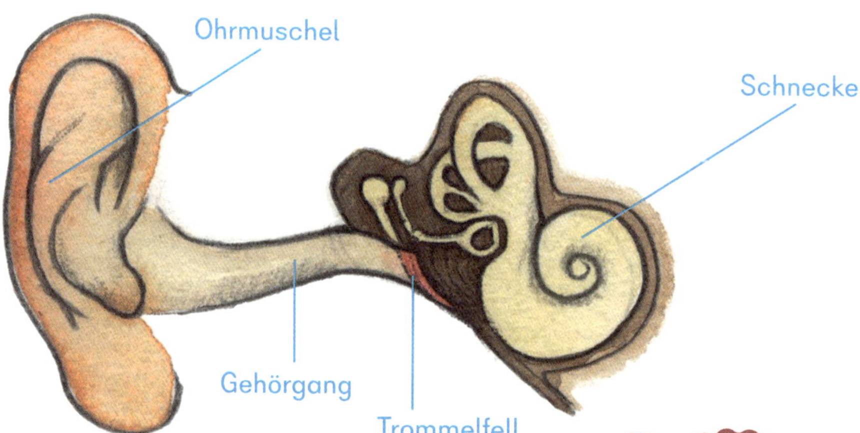

SCHALLWELLEN
Töne oder Geräusche bringen die Luft zum Schwingen. Dabei entstehen Schallwellen.

Das **TROMMELFELL** ist wie die gespannte Haut auf einer Trommel. Die Schallwellen bringen das Trommelfell zum Schwingen.

In der Schnecke nehmen feine **Härchen** die Schallwellen wahr. Sie leiten die Information an das Gehirn weiter. Wir können hohe und tiefe, laute und leise Töne unterscheiden. Wir erkennen auch, aus welcher Richtung ein Geräusch kommt. Im Gehirn werden dafür die Informationen aus beiden Ohren **ausgewertet.** Sind die Härchen lange Zeit zu lauten Geräuschen ausgesetzt, können sie Schaden nehmen.

HÄRCHEN sind Sinneszellen im Inneren des Ohres. Sie liegen in der Schnecke und sind sehr empfindlich.

AUSWERTEN
Das Gehirn prüft, wo die Schallwellen zuerst waren, am linken oder am rechten Ohr. Aus dieser Richtung kommt dann das Geräusch.

MIR IST KALT!

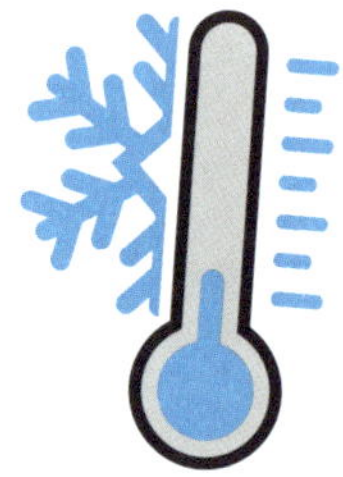

Wenn du aus eisiger Kälte in die Wohnung kommst, erscheint sie dir wohlig warm. Stehst du morgens aus dem Bett auf, kommt sie dir wahrscheinlich kühl vor. Ob sich etwas warm oder kalt anfühlt, hängt auch von der Temperatur der Umgebung ab. Wärme und Kälte nimmst du über Sinneszellen in der Haut wahr. Wenn dir heiß wird, sondert deine Haut Flüssigkeit ab, den Schweiß. Der sorgt dann für Kühlung.

Die **TEMPERATUR** gibt an, wie warm oder kalt etwas ist, zum Beispiel die Luft. Die Temperatur kann man mit einem Thermometer messen.

SCHWEIß besteht vorwiegend aus Wasser und Salzen. Wenn man viel schwitzt, sollte man auch viel trinken. Am besten Mineralwasser.

TASTEN UND SCHÜTZEN

Mit der Haut nimmt man auch Berührungen wahr und kann viele Dinge ertasten. Blinde Menschen lesen zum Beispiel mit ihren Fingerspitzen die Blindenschrift. Die Haut schützt uns vor schädlichen Einflüssen wie den Auswirkungen starker Sonnenstrahlung und Krankheitserregern. Deshalb solltest du gut auf deine Haut achtgeben. Bekommt sie zu viel Sonne ab, entsteht ein Sonnenbrand. Davor schützt Sonnencreme, allerdings nur für kurze Zeit.

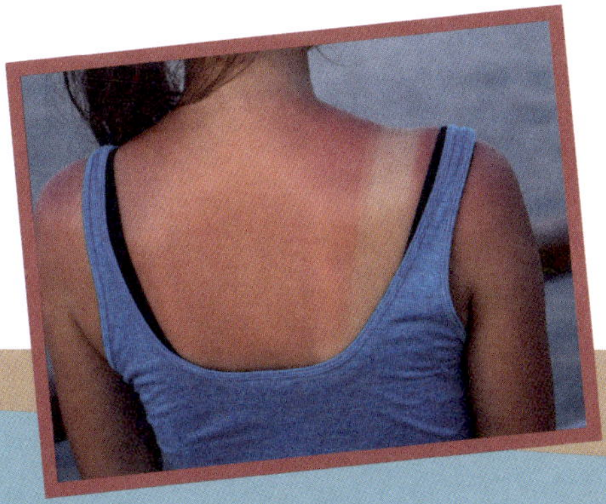

SONNENBRAND ist eine leichte Verbrennung. Die Haut wird rot und schmerzt. Zum Schutz lagert sie Farbstoffe ein. Deshalb wird die Haut im Sommer dunkler.

GROßE GEFÜHLE!

Freude, Ekel, Wut, Trauer oder Überraschung sind starke Gefühle. Ein junger Hund lässt dich vermutlich vor Freude strahlen. Beim Anblick von verdorbenem Essen empfindest du hingegen wahrscheinlich Ekel. Das ist auch bei Gerüchen so. Dein Lieblingsessen löst Appetit und Freude aus. Bei Stinkbomben rennst du schnell aus dem Raum.

APPETIT ist die Lust darauf, etwas Bestimmtes zu essen. Dafür muss man nicht hungrig sein. Viele Menschen haben zum Beispiel Appetit auf Süßes.

Musik, die wir mögen, macht uns glücklich. Das quietschende Geräusch von Kreide auf einer Tafel empfinden wir hingegen als unangenehm. Das Gehirn bewertet alle Dinge, die wir sehen, riechen, hören oder schmecken. Es löst dann ein entsprechendes Gefühl in uns aus. Das stellt auch einen Schutz dar. Bei Dingen, die dir Angst machen, ist es besser, vorsichtig zu sein.

ANGST ist ein sehr starkes Gefühl. Meist schlägt dann das Herz schneller und die Muskeln werden angespannt. Der Körper macht sich bereit, entweder zu fliehen oder sich zu verteidigen.

Super gelesen

AUF ZUM RÄTSELSPAß!

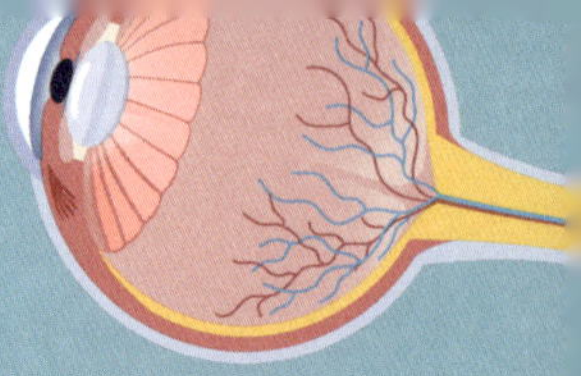

1. Aus welchen Gründen tragen Menschen eine Brille? Hier hat sich ein Fehler eingeschlichen. Kreuze ihn an.

a) ☐ Weil sie kurzsichtig sind.

b) ☐ Weil sie Rot und Grün nicht voneinander unterscheiden können.

c) ☐ Weil sie weitsichtig sind.

d) ☐ Weil die Augen im Alter an Sehschärfe verlieren.

2. Ordne den Teilen, die im Ohr beim Hören beteiligt sind, die richtigen Bezeichnungen zu und trage die Ziffern ein.

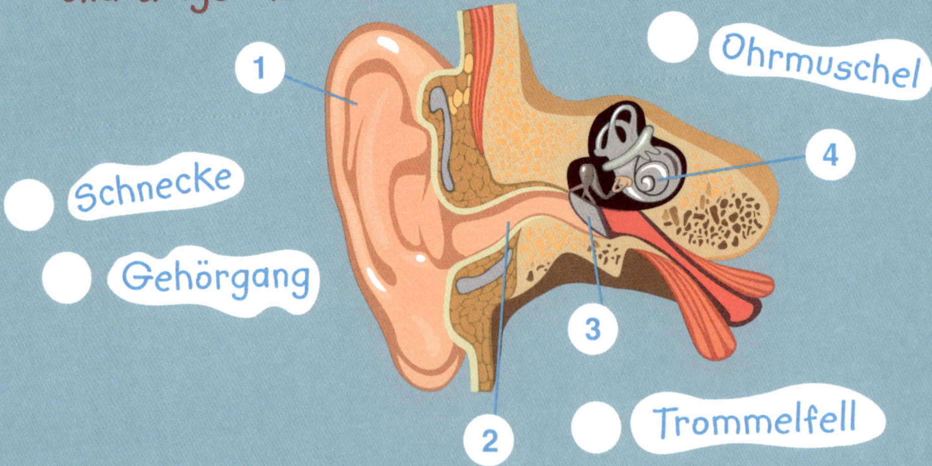

3. Was passt zueinander?

Ordne zu.

(A) Ohren

(B) Haut

(C) Nase

(D) Augen

(1) Sie schützt uns vor zu starker Sonnenstrahlung.

(2) Manchen Gerüchen gehen wir lieber aus dem Weg.

(3) Farben können wir nur am Tag wahrnehmen.

(4) Sie sind empfindlich bei zu lauten Geräuschen.

4. Fülle das Kreuzworträtsel aus. Schreibe dazu die passenden Begriffe zu den Bildern in das Raster.

Lösungen: 1. b); 2. 1) Ohrmuschel, 2) Gehörgang, 3) Trommelfell, 4) Schnecke; 3. A4, B1, C2, D3; 4. 1) Thermometer, 2) Gehirn, 3) Brille, 4) Blindenschrift, 5) Farben, Lösungswort: Ohren

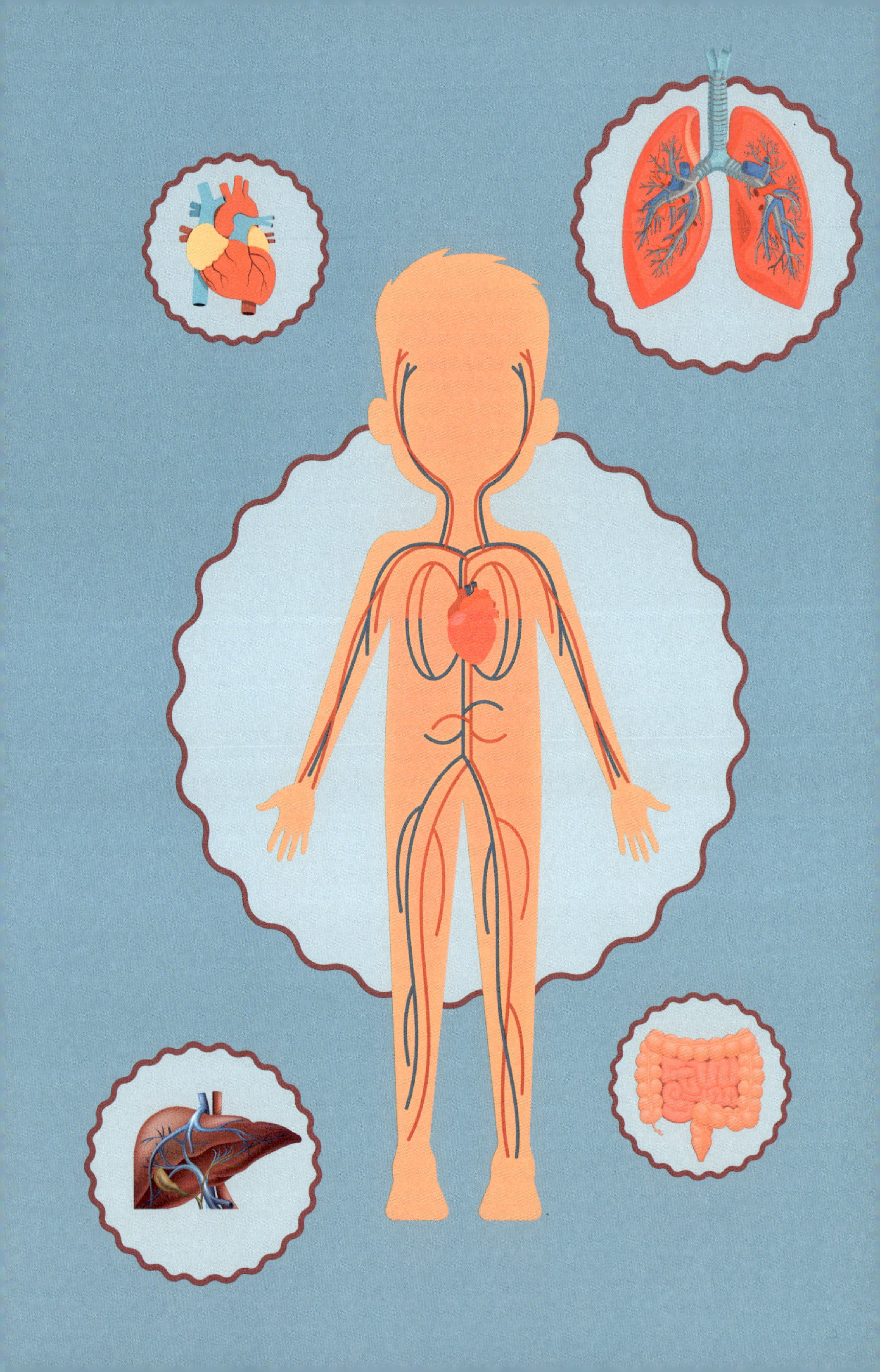

JEDES ORGAN HAT SEINE AUFGABE

MEIN MAGEN KNURRT!

Wenn dein Magen fast leer ist, fängt er an zu knurren. Dann reinigt er sich selbst. Dabei entstehen diese lauten Geräusche. Meist stellt sich Hunger ein. Wenn du etwas isst, hört dieses Gefühl auf. Der Magen ist wieder gefüllt und beginnt mit der Verdauung. Danach rutscht die Nahrung in den Darm. Im Dünndarm wird sie weiter zerlegt. Sie besteht aus Nährstoffen, wie Zucker, Eiweiß und Fett. In der Nahrung sind auch Vitamine und Mineralstoffe.

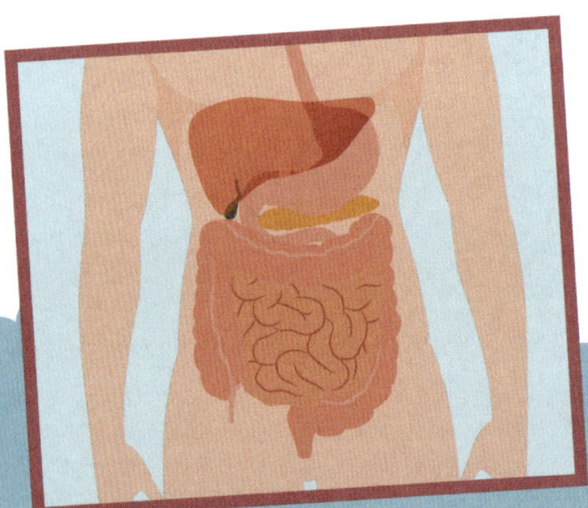

VERDAUUNG
Dabei wird die Nahrung in kleine Bestandteile zerlegt, die der Körper nutzen kann.

EIWEIß braucht der Körper unter anderem zum Aufbau von Muskeln. Fisch, Fleisch, Käse, Erbsen und Linsen enthalten viel Eiweiß.

Der Körper benötigt diese Stoffe, zum Beispiel um zu wachsen. Die Nährstoffe dringen durch die Wand des Dünndarms ins Blut. Jetzt können sie an jede Stelle des Körpers gelangen. Was nicht verdaut werden kann, wird weiter in den Dickdarm **befördert.** Dort wird das **Wasser** entzogen. Der Rest wird ausgeschieden.
Dann musst du auf die Toilette!

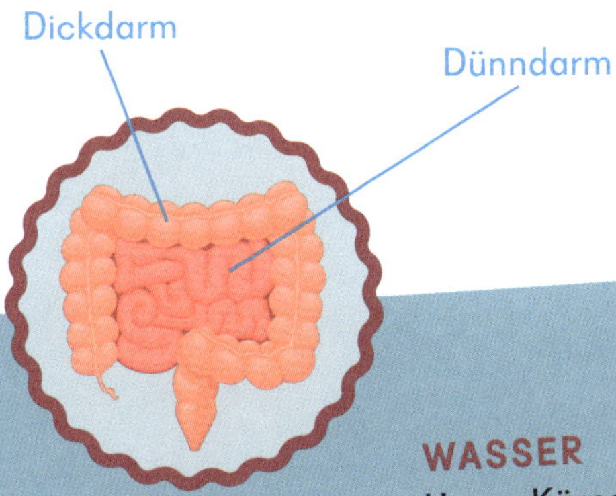

WASSER
Unser Körper benötigt am Tag etwa 2,5 Liter Wasser.
So viel scheiden wir nämlich täglich wieder aus, vorwiegend als Harn und als Schweiß.

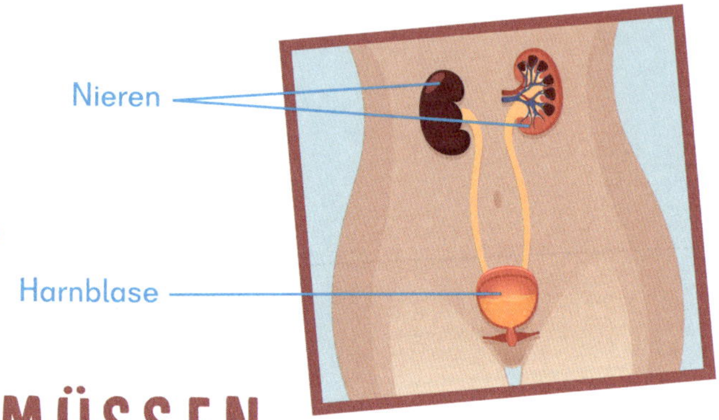

ABFÄLLE MÜSSEN ENTSORGT WERDEN

Mit der Nahrung nehmen wir auch Dinge auf, die nicht gut für unseren Körper sind. Während des **Stoffwechsels** entstehen zum Teil Stoffe, die der Körper loswerden muss. Diese landen im Blut. In den Blutgefäßen werden sie zu den beiden Nieren transportiert. Die Nieren leisten Unglaubliches. Sie **filtern** jeden Tag 1500 Liter Blut. Das ist so viel Flüssigkeit, wie in sieben Badewannen passt.

STOFFWECHSEL
In unserem Körper werden ständig Stoffe auf- oder abgebaut. Zum Beispiel wird Energie produziert und Krankheitserreger werden beseitigt.

FILTERN
In den Nieren wird das Blut wie durch ein Sieb gedrückt. Wasser, Salze und Harnstoff kommen durch. Eiweiße und Blutzellen nicht.

Die Nieren entziehen dem Blut Wasser und die giftigen Stoffe. Daraus entsteht **Harn,** der sich in der Harnblase sammelt. Wenn du auf die Toilette gehst, entleert sich die Harnblase und die Abfälle werden entsorgt. Bei der Entgiftung bekommen die Nieren Unterstützung von der Leber. Sie sorgt dafür, dass bestimmte Stoffe abgebaut werden, beispielsweise **Medikamente.**

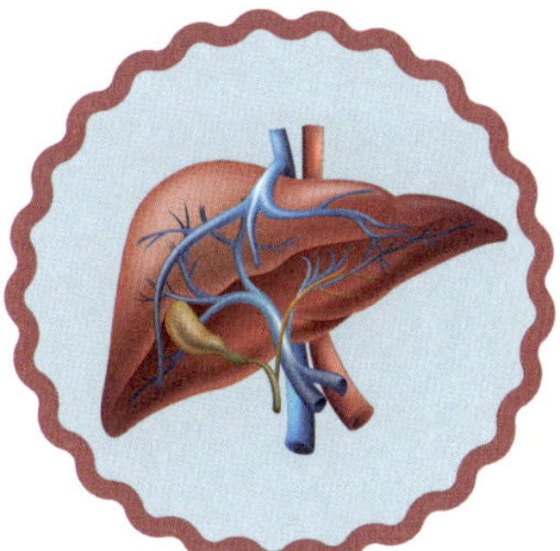

Leber

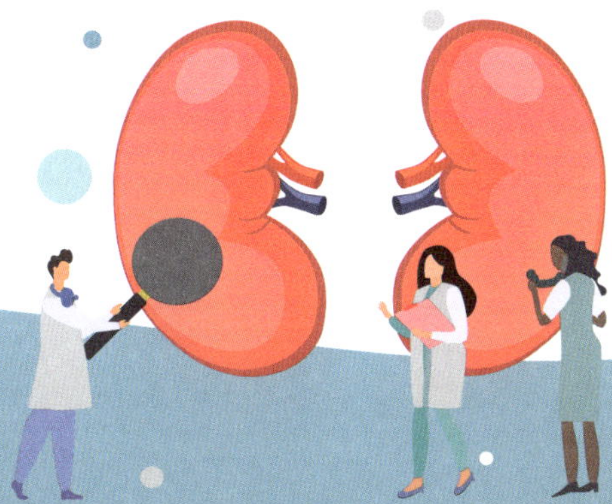

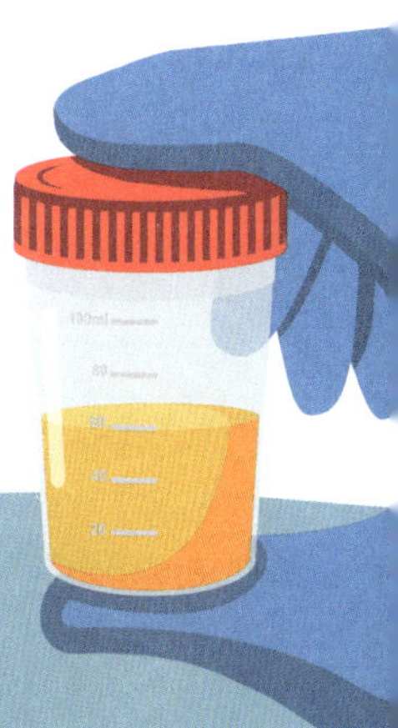

HARN
Der Name kommt daher, weil im Harn viel Harnstoff ist. Dieser entsteht in der Leber, wenn Eiweiße abgebaut werden. Harn wird auch Urin genannt.

MEDIKAMENTE
Manchmal muss man Medikamente nehmen, wenn man krank ist. Diese wirken im Körper und werden dann abgebaut und entsorgt.

DER MENSCH IST KEIN FISCH

Du kannst nicht wie ein Fisch lange unter Wasser bleiben. Nach kurzer Zeit tauchst du wieder auf, um zu atmen. In der Luft ist Sauerstoff, den man zum Leben braucht. Beim Einatmen gelangt die Luft in die Lunge. Die Lunge besteht aus vielen Lungenbläschen. Der Sauerstoff geht von der Lunge ins Blut. Mit dem Blut wird er im gesamten Körper verteilt.

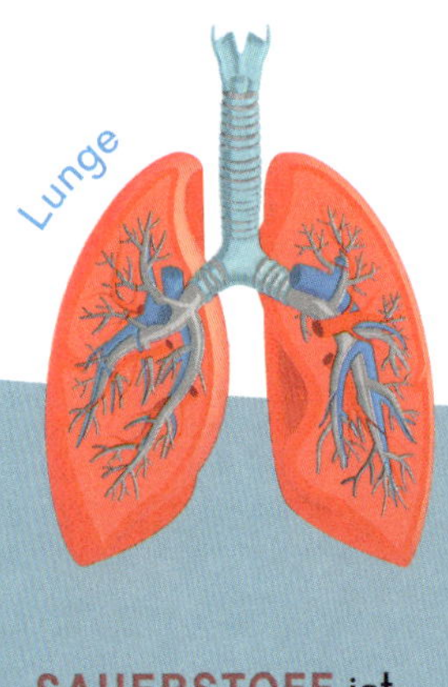

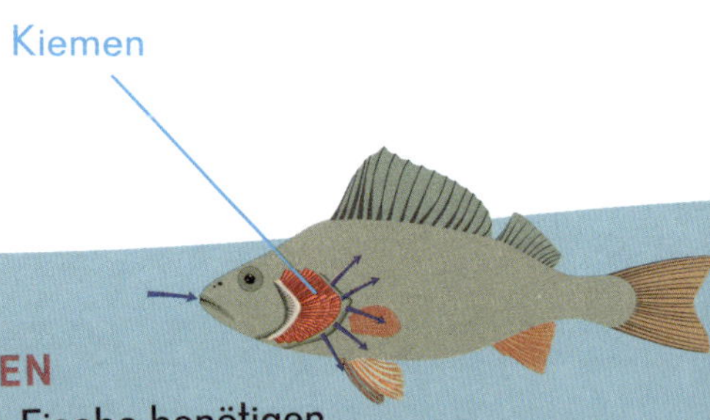

LEBEN
Auch Fische benötigen Sauerstoff zum Leben. Mit ihren Kiemen nehmen sie diesen aus dem Wasser auf.

SAUERSTOFF ist ein Gas, das von Pflanzen produziert wird.

Wir benötigen Sauerstoff, um Energie herzustellen. Bei diesem Vorgang entsteht **Kohlendioxid.** Das ist für uns in großen Mengen giftig. Das Blut sammelt auf seinem Weg durch den Körper Kohlendioxid ein. Dieses wird zur Lunge transportiert und in die Atemluft abgegeben. Es findet also ein Austausch statt: Sauerstoff wird aufgenommen und Kohlendioxid abgegeben. Das Einatmen kannst du nicht unterdrücken, denn es ist ein **Reflex.**

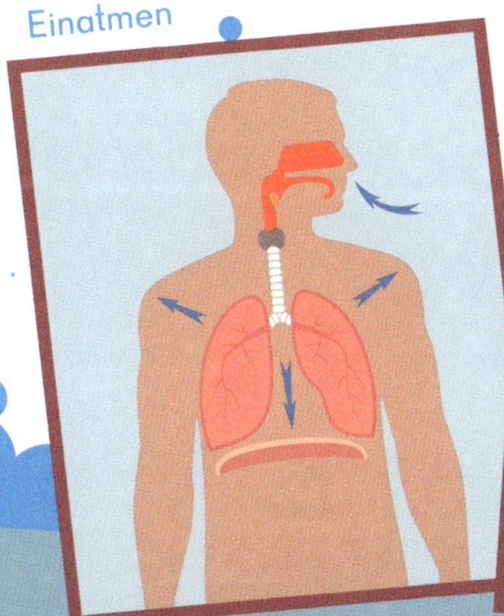

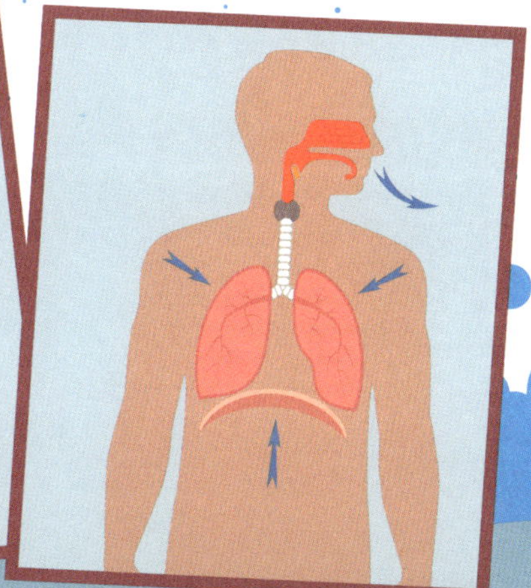

KOHLENDIOXID ist wie Sauerstoff ein Gas, das sich in der Luft befindet.

REFLEXE können wir nicht beeinflussen. Wenn der Sauerstoff im Körper knapp wird, müssen wir einatmen.

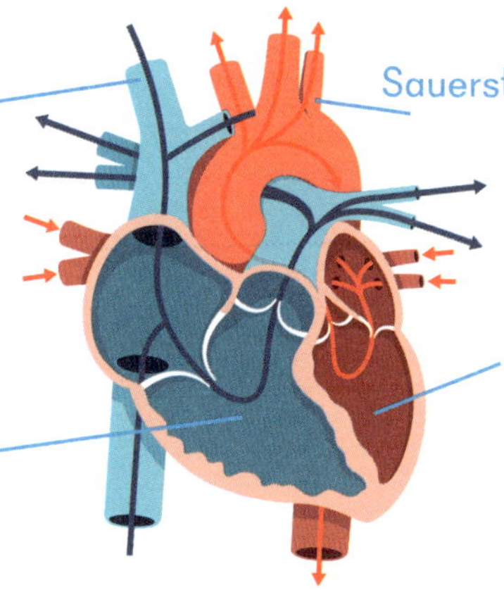

DAS HERZ SCHLÄFT NIE

Auch wenn du schläfst, schlägt dein Herz weiter. Es sorgt dafür, dass das Blut ständig fließt. Das wird über **Blutgefäße** durch den gesamten Körper geleitet. Das Herz ist ein großer Muskel, der innen hohl ist. Wenn es sich zusammenzieht, strömt das Blut in die Blutgefäße. Deshalb bezeichnet man das Herz auch als **Pumpe.** Beim Erschlaffen füllt es sich wieder mit Blut.

BLUTGEFÄßE sind wie dünne Schläuche, durch die das Blut fließt. Auf deinem Handrücken kannst du bestimmt welche entdecken. Es sind die blauen Linien unter der Haut.

PUMPE
Mithilfe einer Pumpe kann man zum Beispiel Wasser aus der Tiefe an die Oberfläche befördern.

DAS HERZ BESTEHT AUS ZWEI HÄLFTEN

Die eine Hälfte bekommt das sauerstoffreiche Blut aus der Lunge und leitet es in den Körper weiter. Auf dem Weg durch den Körper wird der Sauerstoff abgegeben und Kohlendioxid aufgenommen. Das Blut gelangt nun in die andere Herzhälfte und von dort wieder in die Lunge. Es fließt also ständig von der Lunge in den Körper und wieder zurück. Das ist der Blutkreislauf. Dafür schlägt dein Herz etwa 80 Mal in der Minute. Es hat also viel zu tun!

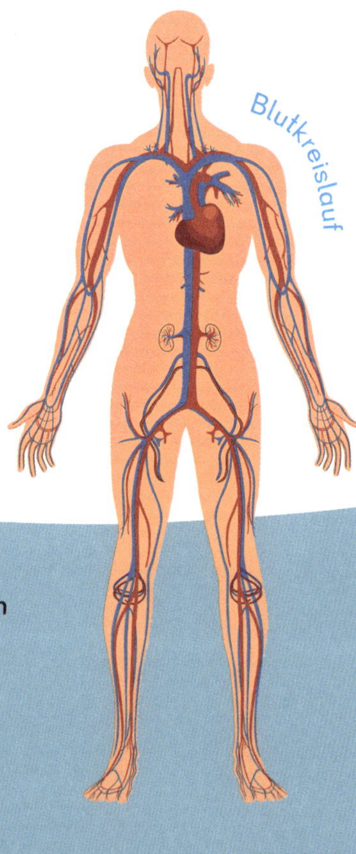

Ein **KREISLAUF** ist etwas, das sich wiederholt und immer wieder von vorn beginnt. In weniger als einer halben Minute hat das gesamte Blut einmal den Blutkreislauf durchlaufen.

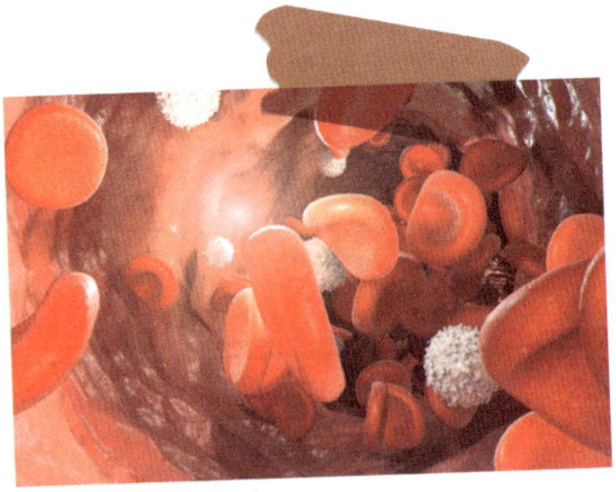

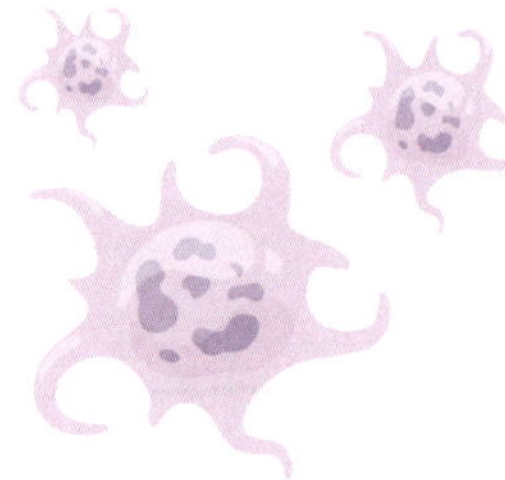

BLUT IST MEHR ALS NUR ROT!

Du hast ungefähr drei Liter Blut in deinem Körper. Blut besteht zum größten Teil aus Wasser. Darin enthalten sind Nährstoffe, Mineralstoffe und Blutzellen. Die Farbe des Bluts kommt von den roten Blutkörperchen. Diese haben einen Farbstoff, das Hämoglobin. Die roten Blutkörperchen haben eine wichtige Aufgabe: Sie transportieren Sauerstoff und Kohlendioxid. Je heller das Blut, umso mehr Sauerstoff ist enthalten.

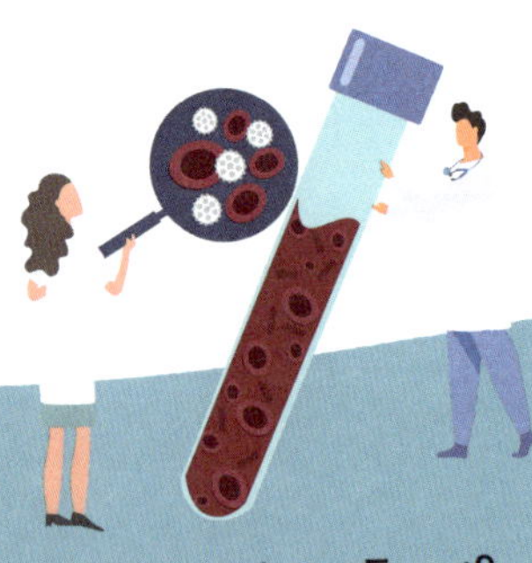

BLUTZELLEN sind die festen Bestandteile des Bluts. Zu ihnen gehören die roten und weißen Blutkörperchen sowie die Blutplättchen.

HÄMOGLOBIN ist ein Eiweiß, das auch Eisen enthält. Das Eisen wird für den Transport des Sauerstoffs benötigt.

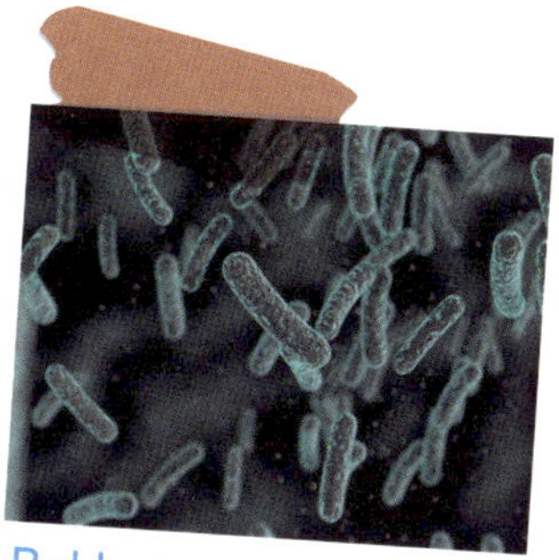
Bakterien

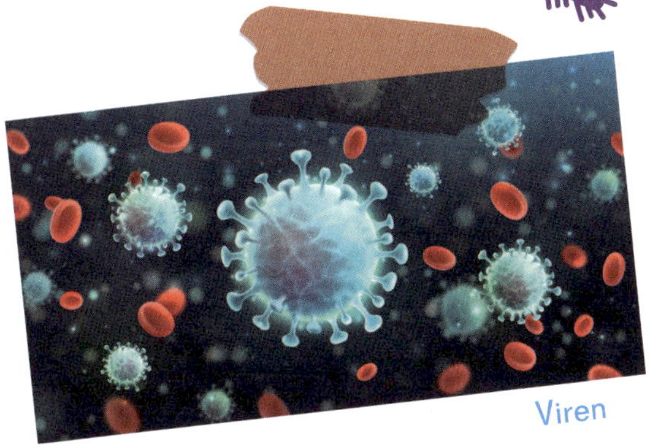
Viren

Die weißen Blutkörperchen sind für unsere Gesundheit verantwortlich. Sie sind ständig auf der Suche nach Krankheitserregern. Finden sie zum Beispiel Viren oder Bakterien, machen sie diese unschädlich.
Dann gibt es noch die Blutplättchen. Sie sorgen dafür, dass sich bei einer Verletzung die Wunde wieder verschließt und wir nicht zu viel Blut verlieren.

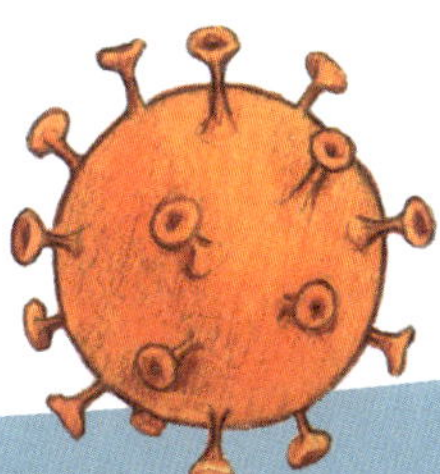

VIREN sind winzig klein und lösen Krankheiten wie Grippe oder Masern aus.

BAKTERIEN sind größer als Viren, aber trotzdem nur mit einem Mikroskop zu erkennen. Einige Bakterien brauchen wir etwa für die Verdauung. Andere machen uns krank.

ICH HABE FIEBER

Manchmal fühlst du dich matt und elend. Vielleicht tut auch der Kopf weh und die **Glieder schmerzen.** Dir wird erst kalt und dann wieder ganz heiß. Du hast **Fieber** bekommen! Aber warum? Dann brauchen die weißen Blutkörperchen Hilfe. Sie haben es nicht rechtzeitig geschafft, alle Krankheitserreger zu beseitigen. Nun haben sie sich im Körper ausgebreitet. Die weißen Blutzellen melden das ans Gehirn.

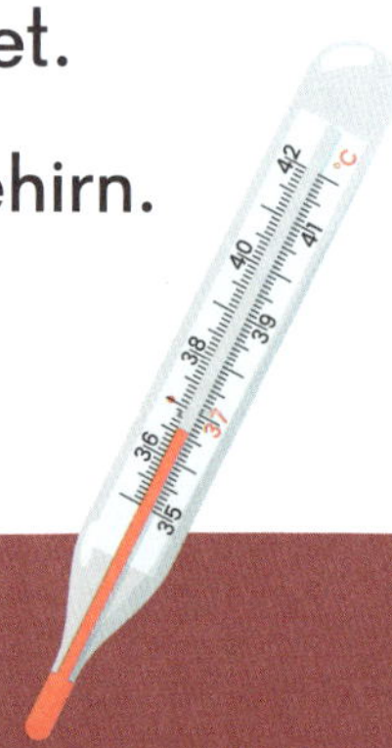

GLIEDERSCHMERZEN treten oft bei einer Erkrankung auf. Es sind meist Schmerzen in den Muskeln und Knochen von Armen und Beinen.

FIEBER
Wenn das Thermometer eine Temperatur von 38 Grad Celsius oder mehr anzeigt, spricht man von Fieber.

Das Gehirn reagiert sofort und sorgt dafür, dass die Körpertemperatur ansteigt.
Den Bakterien gefällt das gar nicht. Sie können sich dann nicht mehr so gut vermehren. Dafür arbeiten die Immunzellen bei Wärme umso besser.
Fieber ist also eine Schutzreaktion des Körpers.
Ist die Gefahr abgewehrt, stellt das Gehirn wieder die normale Temperatur ein.
Und du bist gesund!

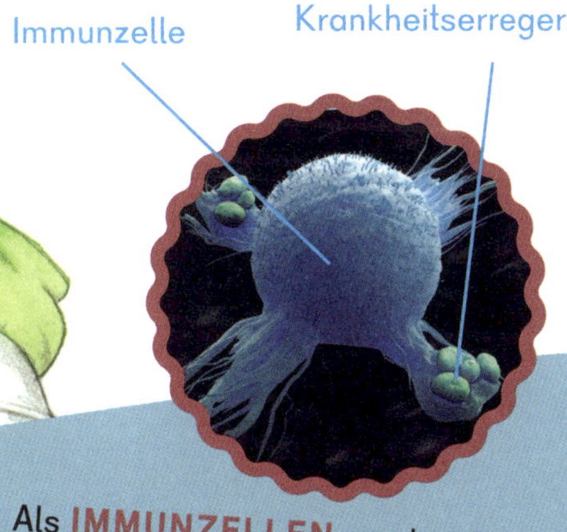

KÖRPERTEMPERATUR
Die normale Körpertemperatur eines Menschen liegt zwischen 36,5 und 37,5 Grad Celsius.

Als **IMMUNZELLEN** werden die weißen Blutkörperchen bezeichnet. Davon gibt es verschiedene Arten mit bestimmten Aufgaben. Fresszellen vernichten zum Beispiel Krankheitserreger.

MANCHMAL BRAUCHT DER KÖRPER HILFE

Mit den meisten Krankheiten kommt dein Körper allein zurecht. Nur manchmal schafft er es nicht, wieder gesund zu werden.
Dann gehst du zu einem Arzt oder einer Ärztin.
Sie werden dich untersuchen und die Ursache deiner Krankheit feststellen. Vielleicht brauchst du ein Medikament, damit es dir wieder besser geht.
Es gibt Stoffe, die Bakterien unschädlich machen.
Diese heißen Antibiotika.
Gegen Viren helfen sie nicht.

URSACHE
Die meisten Krankheiten werden durch Viren und Bakterien verursacht. Wenn du eine Erkältung mit Husten und Schnupfen hast, sind dafür vorwiegend Viren verantwortlich.

Ein bestimmter Pilz verhindert die Vermehrung von Bakterien. Er heißt Penicillin und wird in der Medizin als Antibiotikum eingesetzt. Es gibt noch viele weitere **ANTIBIOTIKA**.

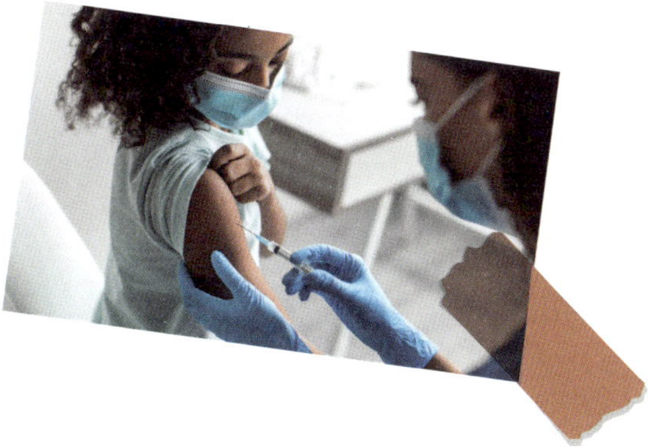

IMPFEN HILFT

Kinderärzte impfen auch gegen gefährliche Krankheiten wie Masern.

Eine **Impfung** verhindert, dass man diese Krankheit bekommt. Die Immunzellen sind dann vorbereitet und können die Krankheitserreger besser und schneller bekämpfen.

Du kannst deine Immunzellen bei ihrer Arbeit unterstützen: mit einer **gesunden Ernährung,** viel Bewegung und ausreichend Schlaf.

IMPFUNGEN sorgen dafür, dass es einige Krankheiten in Deutschland nicht mehr gibt, zum Beispiel die Kinderlähmung.

GESUNDE ERNÄHRUNG
Gemüse, Obst und Getreide sowie Fisch, Fleisch, Milchprodukte oder Eier gehören zu einer gesunden Ernährung. Viel trinken und wenig Süßigkeiten sind ebenfalls wichtig.

Super gelesen

AUF ZUM RÄTSELSPAß!

1. Fülle den Lückentext über das Blut aus.

Diese Wörter helfen dir dabei.

Blutplättchen
roten Blutkörperchen
weißen Blutkörperchen
Blutzellen
Wunden
Wasser

Blut besteht aus ______________________ und ______________________.

Die Farbe des Bluts stammt von den ______________________.

Für die Gesundheit sorgen die ______________________.

Die ______________________ verschließen ______________________.

2. Welche Krankheitserreger kann man nur unter dem Mikroskop sehen?

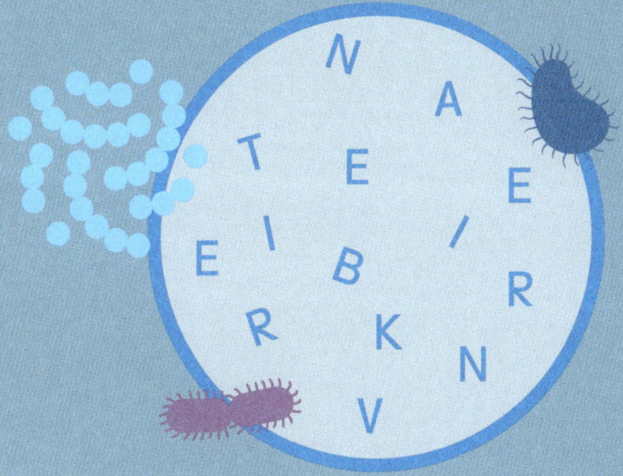

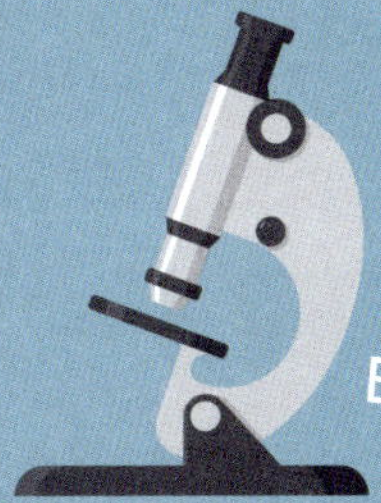

Sortiere die Buchstaben.

3. Das weiße Blutkörperchen ist auf der Suche nach den Bakterien.

Finde den direkten Weg durch das Labyrinth und sammle unterwegs die Buchstaben ein. Welches Wort ergeben sie?

Lösungswort

Lösungen: 1. Wasser, Blutzellen, roten Blutkörperchen, weißen Blutkörperchen, Blutplättchen, Wunden; 2. Bakterien und Viren; 3. Blutkreislauf

Bildnachweis

l = links, r = rechts, M = Mitte, o = oben, u = unten, h = hinten, v = vorne

Maria Mähler: Cover, 8ur, 10ul, 14ul, 23ur, 26ur, 28ul, 35M, 38M, 40ur, 43ur, 43ol, 57, 59ul
Shutterstock.com: 1 Sudowoodo, 4ul LDarin, 4um inspiring.team, 4ur Sudowoodo, 4u Oleksandr Rybitskiy, 5oM Sabelskaya, 5ul Buravleva stock, 5ur GoodStudio, 5u Sylfida, 6 Sudowoodo, 6ol ivector, 9or Monkey Business Images, 9ur VetVector, 9ul Panuwach, 10ur FotoDuets, 11 ideyweb, 11ur Lena May, 12u Kolonko, 12ur Egoitz Bengoetxea, 13ol mentalmind, 13or Look Studio, 13ur eamesBot, 15ol bt_photo, 15ul Abdul Fattah19, 15ur FOX 84, 15u alazur, 16 lukpedclub, 17oM Antonov Maxim, 17Mr digidesignworld, 18ol Granate Art, 18or mything, 18M ivector, 18ur Pikovit, 20or AVA Bitter, 20uM Pikovit, 21ol AVA Bitter, 21or BAZA Production, 21ul Vinichenko Ihor, 21ur Skalapendra, 22ol Dragon Images, 22or Dmytrenko Vlad, 22 Boogie Man, 23 VectorMine, 23u/ur YakuninDesign, 24ol maxart, 24or Fotokostic, 24ul LDarin, 24ur Granate Art, 24u Oleksandr Rybitskiy, 25or Marharyta Pavliuk, 25Mr Bplanet, 25Mr, 25ul mything, 26ol fizkes, 26or Master1305, 26u Oleksandr Rybitskiy, 27ur Elena Eryomenko, 28r Vecton, 29ol sutadimages, 29or Sabphoto 29Mr Dmitry Kovalchuk, 30or maxart, 30Mr, 30ul AVA Bitter, 30ur VectorMine, 31or mything, 31ol Mochipet, 31Mr Darya Palchikova, 31ur Granate Art, 31uM cammep, 32or Edge Creative, 32M ivector, 32ul Sedova Elena, 34ol Murad Ahmadli, 34or De Visu, 34ur janinajaak, 36Ml S.H.exclusiv, 36Mr WildMedia, 36 Maike Hildebrandt, 36v (blaue Wolken) Julia Tim, 37ol chingyunsong, 37or iVazoUSky, 37ur vadim kozlovsky, 38u NotionPic, 38ur Aldona Griskeviciene, 39ol Tanysl, 39or Tricky_Shark, 39ul Aldona Griskeviciene, 39u NotionPic, 40or VectorMarko, 40ul VectorMarko, 41 Anatolir, 41ul yurakrasil, 42ol Anydudl, 42or Maryna_Auramchuk, 42ul Anna Kraynova, 42u Reamolko, 43or Flipser, 43uM moj0j0 (Spinne), 44or Edge Creative, 44Ml thailerderden10, 44u Sedova Elena, 45or Studio Barcelona, 45Ml Makkuro GL, 45 (Thermometer) ChalidMGM, (Brille) Murad Ahmadli, (Gehirn) mything, (Blindenschrift) denayunebgt, (Farbkreis) Albachiaraa, 46M ivector, 46ol Taleseedum, 46or Rida Fatma, 46ul BlueRingMedia, 46ur SmallSnail, 48ol Anastasiia Usenko, 48ul metamorworks, 48ur Anastasiia Usenko, (Blasen) Sylfida, 49or izkes, 49ul SmallSnail, 49ur solomon7, 50or sunnnnn, 50ur summer studio, 51Mr BlueRingMedia, 51uM ploypilin, 51ur hvostik, 52ol Denis Moskvinov, 52or Dennis Forster, 52ul Rida Fatma, 52ur Kazakova Maryia, 53u Sylfida, 53ul eveleen, 53ur eveleen, 54oM Taleseedum, 54u Mykhailo Hnatiuk, 55 ul/Mr Sylfida, 55ur Vecton, 56ol Rost9, 56 IGORdeyka, 56ur ploypilin, 57ol OlgaReukova, 57oM Fotomay, 57 Akira1592, 57ur Nikolai V Titov, 58ol Nadzin, 58or SurfsUp, 58ur Antonov Maxim, 59ur urfin, 60or Seita, 60ul fizkes, 60ur Kallayanee Naloka, 60uM VectorPlotnikoff, 61or Prostock-studio, 61ul Tetiana Maltseva, 62Ml ShadeDesign, 62 IGORdeyka, 63 Pretty Vectors, 63or Nikolai V Titov, 63Mr IGORdeyka, 64or Sabelskaya, 64Ml inspiring.team, 64Mr Sudowoodo
Mauritius Images: 27u BSIP / Jacopin

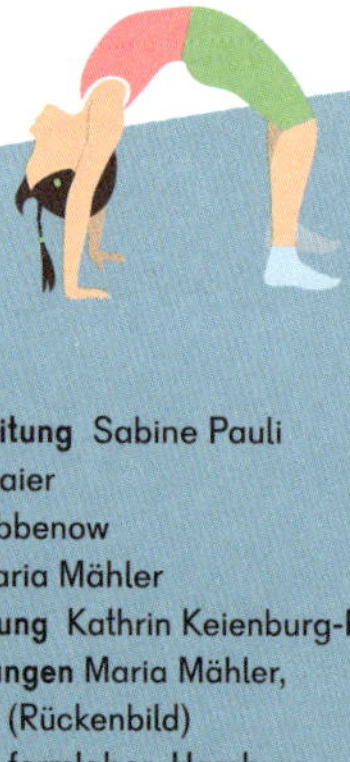

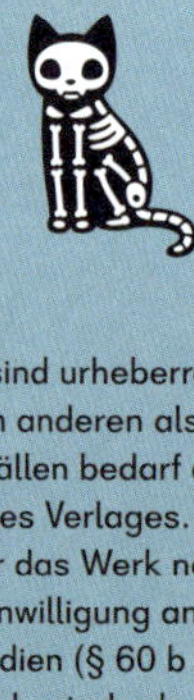

Impressum

Redaktionelle Leitung Sabine Pauli
Lektorat Katja Baier
Text Babette Pribbenow
Illustrationen Maria Mähler
Umschlaggestaltung Kathrin Keienburg-Rees, Freiburg
Umschlagabbildungen Maria Mähler, Dorina Tessmann (Rückenbild)
Layout und Satz formlabor, Hamburg

www.duden.de
www.cornelsen.de

1. Auflage, 1. Druck 2023

PEFC/04-31-1033

PEFC zertifiziert
Dieses Produkt stammt aus nachhaltig bewirtschafteten Wäldern und kontrollierten Quellen.
www.pefc.de

Druck Mohn Media Mohndruck, Gütersloh

ISBN 978-3411780112